スノーデンが語る「共謀罪」後の日本

大量監視社会に抗するために

軍司 泰史

JN171858
岩波ブックレット No. 976

プロローグ

ロシアの首都を流れるモスクワ川のほとり、「ラディソン・ロイヤル・ホテル・モスクワ」はソ連時代、「ホテル・ウクライナ」と呼ばれていた。今もその呼称で通用する。高さ二〇〇メートル超、天を衝くようなスターリン様式の威容を誇る。そのホテルの部屋で二〇一七年五月、一本の電話を待っていた。

約束の時間が過ぎて二〇分後、部屋の内線電話が鳴る。相手は名乗らなかった。「今、ロビーだ。レセプション前のソファにいる」。「オーケー、すぐに降りていく」。ホテルはセキュリティの都合で、ロビーから上階へエレベーターを使うのに、部屋のカードキーが必要だった。

男はすぐに、こちらに気づいた。黒いシャツとパンツ、黒いジャケット。周囲には誰もいない。立ち上がって、合図をよこした。米国人としては、背の高い方ではないだろう。握手をすると「遅れてすみません」と恐縮した。「大丈夫ですよ」と答える。「待つことは、ジャーナリストの仕事の一つですから」。黒シャツの男が笑った。屈託のない笑顔だな、と思った。

それがエドワード・スノーデンだった。

米中央情報局（CIA）元職員、国家安全保障局（NSA）元職員のエドワード・スノーデン氏（以下スノーデン）について、何が知られているだろうか。

二〇一三年六月、中国・香港で英紙ガーディアンの記者らに会い、米国が密かに行っていた一般市民を含む大量監視(マス・サーベイランス)に関する機密資料を提供した。「スノーデン文書」の暴露に、世界は驚愕した。後に詳述するが、大量監視とは社会全員の電子通信情報、スマートフォンであれ、パソコンであれ、定期券やクレジットカードの使用履歴であれ、一切を巨大なサーバーに収集しておいてテロや犯罪に関する情報がないか、調べ回る作業である。

米国は二〇〇一年の中枢同時テロに衝撃を受け、この監視方法を本格的に導入した。だがマシンが回り始めると歯止めがきかなくなる。監視対象がどんどん広がっていき国内だけでなく、米国を通過する国際通信ケーブルなども使って世界中の通信情報を収集した。さらに、日本を含む同盟各国の政府や情報機関と協力し、国民の監視をいかに巧みに行うか、技術の供与やそれを可能にする法改正のやり方も伝授した。暴露後、「われわれは政府に大量監視を許した覚えはない」との驚きが各国に広がる。世界の隠れた実相、不都合な真実を広く知らしめたスノーデンには、各国で賞賛の声が上がった。

一方、米国では防衛機密を含む情報を暴露したスノーデンに対し「裏切り者」「敵国のスパイ」との非難が相次いだ。米国政府はスパイ活動取締法などの容疑でスノーデンを訴追。スノーデンは香港からロシア経由で南米への政治亡命を図ったが、パスポートを無効にされたため、モスクワの空港で足止めとなった。そのままロシアへ亡命申請する。ロシアは米国が求める身柄引き渡しには応じず、スノーデンはモスクワ周辺に住んでいるとされる。

なぜスノーデンはあえて米国の国内法を犯して犯罪者となり、仲間から裏切り者と呼ばれる行為に踏み切ったのか。

読者は、後に本人からその理由を聞くだろう。

インタビューを行ったのは、日本で「共謀罪」の趣旨を盛り込んだ改正組織犯罪処罰法案（以下共謀罪法案）の国会審議が大詰めを迎えたころだった。犯罪を計画段階で処罰するこの法案は、犯罪実行後の処罰を原則としてきた日本の刑法体系を大きく変容させるものだ。「内心の自由」を奪うとの批判が渦巻いていた。

スノーデンは、テロ対策を根拠に挙げる共謀罪法案に強い関心を持ち、徹底的に調べていた。法律が成立すると、いったい何がこれから日本で起こるのか、インテリジェンス（諜報）コミュニティの一員だった立場でクリアに予測した。そして、日本の人々へのメッセージを語った。

インタビューの冒頭、質問を繰り出そうとした私を制して、最初に述べた言葉は「私は日本が大好きです」だった。

エドワード・スノーデン，ラディソン・ロイヤル・ホテル・モスクワにて
（2017年5月29日，モスクワ）

第1章　共謀罪法、大量監視の始まり

スノーデン　私は日本が大好きです。日本は、私が住んでいたとき、強い影響を受けた国です。とても短期間にすぎません。たった二～三年ですが。

しかし今日、テロ問題をめぐり日本の政治の世界で起きていることを見ていると、ほとんどグロテスクにさえ思えます。日本はとても安全な国だからです。テロは確かに起きる。でも、ごくまれに過ぎません。オウム真理教のテロが起きたのは、一九九五年までさかのぼります。繰り返し起きているわけではない。それは、日本が概してとても協調的な外交政策をとっているからです。紛争や戦争、軍事中心の政策に、関心が向けられることはありません。

にもかかわらず、安倍晋三政権は「テロは重大な問題だ。われわれはこの新しい法律、共謀罪法を成立させる必要がある。すべてを正しい方向に変えるために。ぐずぐずしているわけにはいかない。議論にも、これ以上時間をかけることはできない」と述べています。国民はどうでしょう。共同通信の世論調査では、七七％の国民が政府は法案を十分に説明しているとは思わないと回答しています（注　共同通信の二〇一七年五月二〇～二一日実施の世論調査。「政府の説明が十分だとは思わない」が七七・二％）。この法案が何のためなのか、分からないのです。こうなっても、安倍晋三首相と自民党は「われわれは今法案を成立させる必要がある。今だ。東京五輪のために。国連の（国際組織犯罪防止条約の）ために」と言うばかりです。

日本が二〇〇〇年に署名した国際組織犯罪防止条約は「重大な犯罪の合意」などを犯罪化するよう義務付けている。政府はこれを根拠に〇三～〇五年、共謀罪を新設する組織犯罪処罰法改正案を三回にわたって国会に提出した。だが、適用対象を「団体」としていたことなどから、市民団体や労働組合の関係者も処罰されるとの批判が強まり、いずれも廃案になった。政府は適用対象を「組織的犯罪集団」と定め、現場の下見など犯罪の「準備行為」を構成要件に加えた。それが、今回の共謀罪法だ。

▼なぜ今、成立を図るか

スノーデン　五輪は二〇二〇年まで開かれませんよね。とすれば、なぜ二〇一七年にこの法律を議会通過させる必要があるのでしょう。この六月を前に（注　インタビューは五月二九日に行われた）、日本はほかに、実に多くの問題と直面しています。もっと火急で直接的な問題に。たとえば、日本でまさに今起きている問題、残念ですが安倍首相の周辺で再び起きているスキャンダルに目を向けてみましょう。森友学園問題、加計学園問題。またもや、です。

スノーデンは、日本国外ではあまり詳しく報じられていない森友学園、加計学園の名前をいきなり口にした。しかも、問題の核心を正確に理解していた。

スノーデン　なぜ議会は、この問題の追及に時間を使わないのでしょうか。まさに現在進行形ですよね。もちろん、私も(その理由を)知っています。答えは政治だからです。自民党は、学校建設や不動産売買をめぐる腐敗を語るより、日本で真の問題ではないテロリズムについて語りたいのです。

別にこれは日本特有の問題ではありません。世界中の異なる国々で、繰り返し起きてきたことです。でも、私が思うに各国政府は国民を甘く見ています。政府は、市民には何が起きているか見えていない、理解していないと思っている。そうこうしているうちに、これも何度も繰り返されたことですが、政府は、国民の関心をそらし、国民生活にさしてインパクトのない争点、ただし国民に恐怖を抱かせ、政府に寄りかかるしかないと思い込ませるような争点を語るようになります。

政府はこう言います。「もし、この法案が成立しなかったら、われわれに権力を与えなかったら、与党に投票しなかったら、あなたたちが危険に陥る。あなたの子どもや家族が危険にさらされるのですよ」。私は、これは不誠実だと思います。明らかに。

共謀罪法案については、国連人権理事会のプライバシーに関する特別報告者ジョセフ・ケナタッチ氏が書簡で懸念を表明した。二〇一七年五月一八日のことだ。安倍晋三首相宛ての書簡で、ケナタッチ氏は「(法案は)プライバシーや表現の自由を不当に制約する恐れがある」と警告した。これに対し、菅義偉《すがよしひで》官房長官は「（書簡の）内容は明らかに不適切で、（外務省を通じ）強く抗議した」と突っぱねた。スノーデンはこの批判と反論も承知していた。

スノーデン　まず、この法案に賛成だろうが反対だろうが、誰でも理解可能なことは、急ぐ必要はないということです。この法案を今、成立させなければならないという緊急性、切迫性はありません。安倍政権が法案を通過させなければならない理由としてあげている、東京五輪まで、私たちにはまだ多少の時間がある。議論できるはずです。安倍政権が法案の必要性の根拠としているのは、国連の指導――国際組織犯罪防止条約――に応じるということです。しかしながら、（同じ）国連の人権理事会の特別報告者ジョセフ・ケナタッチ氏が日本政府、安倍政権に書簡を送り、「深刻な懸念がある」と表明しているのです。私は彼に同意します。国連に同意します。

▼新たな監視を公認する法案

スノーデン　これは説明の尽くされていない法案です。そもそも法案が必要だという明確な根拠が、誰にも分かりません。テロの文脈で語られている犯罪の諸類型は、これまでも法令違反です。殺人や強姦、窃盗、誘拐などは、日本を含むあらゆる国で警察が常時捜査している重大犯罪です。そして、日本の警察は無能でも弱体でもないことを銘記すべきです。彼らは犯罪者から自白を得るのに骨を折ることはありません。

共謀罪法の対象犯罪は二七七。スノーデンの言うとおり、組織的な殺人や強姦、誘拐、ハイジャックなど重大犯罪が並ぶ。だが一方で、森林法違反や墳墓発掘など組織的犯罪集団との関係が不明なものも含まれている。

スノーデン　逮捕された者に関して言えば、日本の警察と司法制度は、世界でも最も高い有罪率を誇る組織の一つです。日本の警察は何でも逮捕できる、石ころであろうが、岩石であろうが、自転車であろうが。一週間たてば、自転車は自白証書にサインしている、というのはほとんどジョークですが(笑)。

つまり、日本政府はテロに対抗するために必要な手段を既に有している。もし、そうでないとして、これが是正する法案になるのでしょうか？　法案を分析したほとんどの専門家は、「いや、これは正しい法案ではない」と述べています。これは最初の下書きに過ぎない。おそらく、これを基によりよい法案を得ることはできる。だが今日ある、この法案は危険だ。不完全で、日本のようにプライバシーが重視される社会で、プライバシーを保護する本質的な保障がない。

私は、われわれが探る必要がある核心部分は、この法案の広がりだと考えています。どれほど広範な法案なのか。

「オーケー、テロ対策に焦点を絞った新たな共謀罪法だね」と認めてしまえば、代わりに彼らはテロ対策と、テロとは何の関係もないほかの全てを対象とする新たな共謀罪法を得るのです。「保安林区域内の森林窃盗」でしたっけ。全ての例は把握していませんが、でも法案を見ると、

「何でこれが含まれているの？」という疑問に突き当たります。それは深刻な問いを提起します。この法案の焦点が本当はテロでないとすれば、対象犯罪に三〇〇近い犯罪がすべて含まれるとすれば、じゃあこの法案の真の目的は何なんだ？

「日本政府が隠している法案の目的は何だと思うか」と聞いた。スノーデンの答えは「隠された意図はない」だった。法案自体に、意図は明白に書かれている、と。

スノーデン　この法案が悪いアイデアであることを認識するのに、邪悪な政府とか隠されたプランとかいう文脈で考える必要はありません。政府というものはバカではない、という事実を考えるなら——そうですよね？　政府は自前の専門家を備え、自前の法律家を擁し、その上でこの法案、国連および多くの人が批判する法案を提出しています。当然浮かんでくる疑問は「オーケー、ところでなぜ彼らはこの法案を提出したんだ？」ということになります。

理解可能な唯一の答えは、これは新たな監視方法の使用を公認するための法案だということです。なぜなら、あらゆる人物が今や犯罪者になり得るからです。金田勝年法相が言うように、双眼鏡と地図を持って公園へ行くことが今や犯罪であるなら、あるいは犯罪になり得るなら、誰が嫌疑を免れるでしょう？

スノーデンが指摘したのは、金田法相(当時)の国会答弁だ。「犯罪の準備行為と日常生活の行動を、どうやって区別できるのか」との質問に対し、金田氏は「外形的な事情から区別され得る」とし「花見であればビールや弁当を持っているのに対し、下見であれば地図や双眼鏡、メモ帳などを持っている」と説明、失笑を買った。共謀罪法案の奇矯《ききょう》さを浮き彫りしたハイライトだった。

スノーデン　公園へバードウォッチングに出かけるあらゆる人々が今や、潜在的脅威なのです。こうした背景で見たとき、この法律が意味するのは何でしょう。そう、正しいことをやっていようが、誤ったことをやっていようが関係なく、社会の全員が監視されるということです。なぜなら今犯罪者でなくとも、(将来の)犯罪者にはなり得るからです。

▼もちろん一般人も対象

スノーデン　これは日本における大量監視(マス・サーベイランス)という新たな波の始まりです。これまで公には日本に存在していなかった監視文化が日常のものになるでしょう。

あらゆる社会にとって、これはとても良くない傾向です。というのは、私たちはこの種の監視が有効でないことを知っているから。それは機能しません。人の命を救うことはありません。日本のように比較的安定して安全な国であろうと、米国のように暴力犯罪の発生件数がはるかに多い国々でさえも、そうなのです。

スノーデンの見解は、日本政府の説明と対立している。政府は国会答弁で「一般人は処罰の対象にならない」「対象はテロ集団や暴力団など組織的犯罪集団だ」と繰り返した。安倍晋三首相は「監視社会になるなどということは決してない」と言い切った。だが、スノーデンにとっては、既視感のある風景なのだった。米中枢同時テロ後に、米国で成立した「愛国者法」だ。

スノーデン　この法律が二〇〇一年の中枢同時テロの結果として米国で成立した際、米政府が、現在日本政府の言っていることと、同じことを述べていたという事実を指摘することは重要でしょう。米政府は「これらの法律は一般市民を対象にするものではない。われわれは、国際テロ組織アルカイダとそのテロリストを発見することだけに関心がある」と述べていたのです。

にもかかわらず、法案の議会通過からわずか数年後には、政府は国民に知らせることなく秘密裏に、この法律とそれによって生まれた権限を米国や世界のあらゆる人々の通話記録を収集することに活用しました。米国最大の電話会社や大手企業を通じてアクセスすることによってです。

スノーデンが暴露した文書によると、米国家安全保障局（ＮＳＡ）は米通信大手ベライゾンなどにすべての通話のメタデータ（注　電話の発信・着信番号、発信日時、通話時間など）を提出させていた。また、フェイスブック、ヤフー、アップル、グーグルなど世界最大手のインターネット企業各社のサーバーから情報を直接収集していた（ＰＲＩＳＭプログラム）、ＮＳＡが英国の情報機関、政府通信本部（ＧＣＨＱ）と協力して取り組んだプログラムもあった。スローガンは

「コレクト・イット・オール」(すべてを収集する)だ。

スノーデン　「大量監視を恐れることはない。なぜなら一般人は対象ではないからだ」と懸念を打ち消す日本政府は、あるいはどの政府にしても、誠実さに欠けています。もちろん一般人は「ターゲット」(標的)ではありません。でも「ターゲット」とは、意味のはっきり限定された言葉です。

米政府が「米国では大量監視を行っていない」――実際には行っていたわけですが――と言い切る方法は、言葉を代えることでした。用語を変更したのです。彼らは「われわれが行っているのは大量監視(マス・サーベイランス)ではない。これは大規模収集(バルク・コレクション)である」と述べました。大規模収集とは単に、あらゆる人の通信情報を収集するという意味です。一般人であるとか、中学生であるとか、山間部の農場に住む退職者であるとか、全然お構いなく。彼らの通信情報全てが傍受され、「バケツ」に放り込まれるのです。

「バケツ」とは、スノーデンの比喩表現で、実際にはもちろん収集したあらゆる人の通信情報を格納する巨大なサーバーのことだ。米ユタ州にこのための大型施設があるとされる。

スノーデン　米政府は「これでよし。問題はない。なぜなら政府は、通信情報を「読んでいる」わけではないからだ」と主張します。彼らは「バケツ」から一般人の通信情報を取り出して、内容に目を通しているわけではないと言います。一般論として、これは真実です。なぜなら、もちろん政府だって、時間を浪費しようとは考えていないからです。彼らにも目標があります。問題はこういうことです。ひとたび政府が社会全員の通信情報を習慣的に集め始めたら、彼らは、あれもこれもと何でも手を出します。「われわれ政府は正当な理由がない限り、内容を見ることはない」と約束する。でも、理由は出てくるのです。政府が一般市民との関係を変更してしまうのです。

通常、民主主義において国民と政府は同じ立場で一体と思われています。彼らはパートナーであるはずです。しかし、これは一般人と政府の力関係を変えてしまうのです。「市民と国家」に代わり、「被支配者と支配者」のような関係に近づきます。これは、多くの面で根本的に危険です。

▼権力とテクノロジーが結びつくとき

スノーデン　なぜなら政治運動の組織化や政府への抗議、汚職の追及など、これまで人々に許されてきたことに異論を突きつけ得る共謀罪法のような新しい法律とテクノロジーが結びつくと、抗議や追及に関わった人々の通信情報が「バケツ」から取り出される可能性があるからです。

それらは合法だろうが、非合法だろうが、政府によって密かに、誰にも告げることなく行われ、われわれはそれをうかがい知ることができません。正しい方法でなされたのか、誤った方法でなされたのかも、分からないのです。なぜなら、この共謀罪法には法的な保障条項がないからです。

共謀罪法には、正しい方法で監視情報の収集を行おうと心を砕いた国々でつくられた典型的な縛りすら存在しません。

そうした国々では、ものごとをこのように進めました。

「オーケー、政府に新たな権限を付与しよう。ただし、これらの権限は、国民の必要性との間で釣り合いを取ろう。われわれは政府が正しい方法で仕事をしていると信じる必要がある。政府が監視情報で調査をする前に、あるいは誰かの通信情報収集を始める前に、毎回確認のため司法システムを活用しよう。山間部に住むおばあさんの通信が傍受され、収集されていないことを確認するために。おばあさんは犯罪者ではないのだから。政府は監視を始める前に裁判所へ行き、裁判官に「この人物を犯罪者あるいはテロリスト、スパイと考えるこれだけの証拠がある。ですから、判事さん、この特定の個人について監視する許可を下さい」と頼まなければならない」

これが、代表的な正しい規範です。しかし、情報機関や政府というものは、もはやこのようなことをしたがらない。時間がかかりすぎる、あまりに遅いと言うわけです。彼らはむしろ、単にあらゆる人の通信情報が収められた「バケツ」を手に入れたいのです。彼らの前に、ある名前や電話番号、テレビで気に入らないリポートをする誰かが出てきたとき、ただ「バケツ」をかき分けて調べ、「ああ、この人物が過去六カ月間、メールを送った全員の名がここにある」と言えるから。

これは、われわれが避けなければならないことです。そして、避けるための唯一の方法は成立する法律に制限をかけること、成立法に人権やプライバシーを守る、強力な保障条項を確保することです。そして、プライバシーの保障は、政治家の言質ではなく、法的措置で強制されなければなりません。つまり、監視が始まる前に、すべてのケースで政府はこの監視が適法で、警察が示した脅威と関連づけるのが妥当という、個別の令状を取るべきなのです。

安倍晋三首相は、共謀罪法案の国会審議で「捜査機関が国民の動静を監視するようになるという懸念は全く無用だ」と述べた。金田勝年法相は「（共謀罪法は）通信傍受法の対象犯罪ではなく、対象に追加する法改正も予定していない」と述べた。仮に政府の答弁を信用するなら、共謀罪法は監視社会の始まりにはならないようにも思えるが、スノーデンは「違う」と言う。国民は「答弁」を信用してはならないと。

スノーデン　この問題を考察する良い方法があります。私たちは政府を信用すべきではありません。政府の「主張」を信用するなら、私たちは市民としての責務を果たしていないことになります。私たちは、「法律」を信用すべきなのです。

もし、政府が「そうした意思はない」というなら、彼らが法律そのものに、そう書き込むべきです。政府が保障条項や補償制度なども創設すべきです。

なぜなら、これこそ政府が（国民から）敬意を獲得する方法だから。政府は（自らの主張を）信用せよと求めるのではなく、政府が信用に足る理由を自らが明示すべきなのです。

第2章　大量監視は人の命を救わない

あらゆる個人の通信情報が捜査機関や情報機関、政府に筒抜けになる監視社会は、避けなければならない。だが、フランスなど現実にテロが継続して起きている国々では、「非常事態」の名の下にプライバシーや人権がある程度制限されても、人々がそれを受け入れていた。百歩譲って、大量監視が本当にテロを未然防止するなら、議論の余地はあるとの声が出るかもしれない。だが、スノーデンは真っ向から反論する。「大量監視は人の命を救わない」と。

スノーデン　私たちは、大量監視が人の命を救わないという決定的証拠を持っています。米国には、令状なしの通信傍受システムがあります。二〇一三年六月、私が暴露したのもこのシステムの一部です。その時点で、既に一〇年以上秘密裏に運用されていました。二〇〇一年九月一一日の米中枢同時テロからです。

さて、米政府が自国の法律を犯し、世界中で人権侵害を行っていたと私が暴露した際に、（当時の）オバマ大統領は、圧力に直面して、米国の全ての機密情報にアクセスできる二つの独立委員会を設置・諮問しました。これら二つの委員会、一つは「プライバシーと市民的自由監視会議」、他方は大統領が設置した「インテリジェンスと通信技術審査グループ」が、米愛国者法の

第二一五条に関する報告書を発表しています。この条項は、今まさに日本で成長発展が始まった大量監視文化のようなものを是認する法律です。

二つの委員会の英語名は、一つが Privacy and Civil Liberties Oversight Board。二〇〇四年に米議会が設立した独立委員会で、プライバシーや市民的自由について大統領に助言する組織だ。もう一つは Director of Intelligence Review Group on Intelligence and Communications Technologies。スノーデン文書の暴露後に、国家情報長官によって組織された。「プライバシーと市民的自由監視会議」は二〇一四年一月、「インテリジェンスと通信技術審査グループ」は二〇一三年一二月にそれぞれ報告書をまとめた。米愛国者法第二一五条は「テロや国際諜報活動への対抗策として、外国情報監視裁判所（ＦＩＳＣ）の承認があれば、捜査当局は各種の業務記録を入手できる」ことを定めている。ＮＳＡはこの条文を拡大解釈し、電話会社から通信情報（メタデータ）を「業務記録」(Business Records)として無制限に収集していた（二一五条プログラム）。ＦＩＳＣによる監督は機能しておらず、スノーデン文書の中でも重大な人権侵害として最も論議を呼んだプログラムの一つだ。

▼一件のテロも阻止せず

スノーデン　では、大量監視は効果があったのでしょうか。人の命を救うのでしょうか。これらの報告書は、米国におけるこの種の大量監視、通話のメタデータ収集プログラムが、米国では一件のテロ攻撃も阻止しなかったと結論づけました。一〇年以上に及ぶ運用で、一件の攻撃も防いでいないのです。しかもです。これも報告書に書かれていることですが、いかなる対テロ捜査においても、具体的な相違を創り出すことはありませんでした。

一〇年以上に及ぶ運用で、とにかく何らかの価値があったと見なされた唯一の例は、米カリフォルニア州のタクシー運転手が、（アフリカの）ソマリアに住む家族へ八五〇〇ドルを送金した経済事件に絡むものです。この一族は図らずも、テロとの関連があるというリストに掲載されることになりました。

たとえ、これが事件であるとしても、米政府がこの男を本物のテロリストだと言ったことにはなりません。彼は一族から爆弾を買おうとしたわけでも、一族の攻撃を支援しようとしたわけでもありません。禁じられた送金だったというだけです。この話で最も興味深いのは、たとえこれが監視プログラムに何らかの価値があったと米政府が言う唯一の例だとしても、このケースにおいてさえ、報告書は「必要のない監視だった」としていることです。

このタクシー運転手に関する情報は、報告書によれば、数日後もしくは数週間後には、大量監視法以外の既存の法律と捜査機関を通じて政府の耳に入っていたはずだからです。報告書によれば、連邦捜査局（ＦＢＩ）あるいは米国内の情報機関が既に、この容疑者に迫っていました。

独立委員会の調査報告を受けて、オバマ米大統領は二〇一四年一月、大量監視の現状を見直し膨大な通信記録を将来的に非政府組織の管理に移行するなどとする一連の改革案を発表した。

この中で、オバマ大統領は「政府の政策に反対する個人が、機密情報を公に暴露するようなことができれば、人々の安全を守ることは不可能だ」とスノーデンの内部告発を批判しつつ、スノーデン文書の暴露を端緒に始まった「こうした(改革)論議は、われわれをより強くするだろう」と改革の必要性自体は認めた。

スノーデン　たとえば英ロンドンのような都市には、西側民主主義史上、最も極端な監視を容認する法律があります。まさに二〇一六年、調査権限法と呼ばれる法律が成立しました。しかし、日本や米国以上にひどい極端に威圧的な法律を成立させても、大量監視は最近のテロを防ぐことができませんでした。

英国警察は、攻撃を実行した人物については英情報機関も警察も察知していたと発表しました。そう、彼らはこの人物を知っていた。彼らは、社会のあらゆる人物をスパイしていた。で、何の役にも立たなかった。なぜでしょう?

大量監視に対して真に無防備な人々とは、一般市民だからです。政治に関わっている人々、ちょっと変わった人々、普通でない人々、学究肌の人々、新しい考えを持つ人々。彼らの通信がインターネットに飛び交うと、とても人目を引きます。言ってみれば、ネット上で輝いています。彼らが目立ち、違って見えるのは、彼らが普通の人々だからです。オープンな生活をしているからです。

英国の「調査権限法」は米愛国者法などと同様、テロ対策を目的として二〇一六年一一月に成立した。電話やメール、携帯電話メッセージ、インターネット閲覧履歴などの通信情報にアクセスする幅広い権限を捜査機関や情報機関に付与している。にもかかわらず、ロンドンの国会議事堂前の橋で翌一七年三月、車両による暴走テロが発生、三人が死亡、約四〇人が負傷した。英中部マンチェスターでは五月、米人気歌手アリアナ・グランデさんのコンサート会場で爆弾テロが起き、二二人が死亡、約六〇人が負傷した。コンサート会場の事件では、英警察や情報機関が容疑者の存在を事前に把握し、過激派組織「イスラム国」(IS)とつながりがあることを知っていたことも判明している。

スノーデン　テロリストは、テロの計画や謀議にインターネットを使いません。彼らはネットが監視されているのを知っているから。(国際テロ組織アルカイダの指導者で)かの有名なウサマ・ビンラディンは監視を恐れて、携帯電話の使用をやめました。彼がいつそれを決めたか知っていますか?

二〇〇六年、米国では令状なしの盗聴が行われていると新聞が暴露しましたが、彼は盗聴を理由に携帯の使用をやめた訳ではありません。ビンラディンが携帯電話の使用をやめたのは、一九九八年です。この年以降、彼は決して携帯電話を使いませんでした。なぜでしょう? アフリカか(中東の)イエメンあたりのテロリスト訓練キャンプにいたとき、彼はキャンプにある丘の頂きから衛星電話でほかのテロリスト仲間と話しました。そして、一日後に、一発のミサイルが彼の通話していた丘に撃ち込まれたのです。

テロリストは悪かもしれませんが、バカではありません。ちょうどダーウィンの進化論が、環境への適応能力がない生物は淘汰《とうた》されていくことを確かめたように、インテリジェンス機関は、最も愚かなテロリストや犯罪者は常に捕まることを確認しています。頭の切れる連中は、大量監視法では決して捕らえられません。捕まるに足る、履歴も証拠も残さないのです。

米国政府自体が、大量監視は人の命を救わないと認めている事実について考えると、疑問が浮かんできます。「じゃあ、なぜ連中はこんなことをしているのだ」。政府もバカではありません。彼らは理由なくお金を浪費しません――だと、いいのですが――(笑)。そう考えると、突然一切がはっきりします。

大量監視がテロリストを捕捉しないのだとすると、誰を捕捉するのでしょう。答えはもちろん、その他全員です。

私たちは社会全員の権利を犠牲にしようとしています。自由で開かれた社会というアイデアを犠牲にしようとしています。自由で開かれた社会では、私たちが携帯を取りだして恋人に電話するとき、政府のデータベースはどんなものなのか心配する必要はありません。検索エンジンに文字を打ったり、Ｍｉｘｉ(ミクシィ)のようなサービスで誰かに送信したりする内容について、不安に思うこともありません。自由な社会では、そんなことは心配に及ばないはずだからです。

しかし、もし私たちがこの開かれた状態を手放したら、もし、この表現の自由、結社の自由を放棄したら、それは社会をより安全にすることにはなりません。テロリストを迎え撃つことにもなりません。私たちの社会を破壊しようとする、テロリストたちの手助けをすることになるのです。

▼あらゆる人の個人生活の完璧な記録

米愛国者法のような監視の権限を大幅に拡大する法律で、最も恩恵を受けるのは諜報・防諜を任務とするインテリジェンス機関だ。スノーデンはまさに、そのただ中にいて実際にプログラムを操作していた。では、大量監視の実態とはどのようなものなのだろうか。

スノーデン　私が「エックスキースコア」を使ったのは、対ハッキング、対サイバー能力と呼ばれる部門にいたときです。インテリジェンス機関が行う捜査では、最も困難な仕事です。というのは、テロリストの連中とは違って、物的証拠がないから。指紋も、侵入の痕跡もありません。コンピューター上の記録だけです。

スノーデンが述べた「エックスキースコア」(XKEYSCORE)とは、大量監視プログラムの一つ。存在自体が秘密だったが、二〇一三年六月にスノーデン自身が暴露した。

スノーデン　私たちがやったのは、あらゆる人々の通信記録を収集することでした。それが、可能なあらゆる場所、たとえば日本、英国、オーストラリア、米国、カナダ、ニュージーランド、中東など、米軍基地か米国大使館、もしくは通信記録を集められる何らかの場所があれば、どこであろうと収集しました。

私たちは、より多くのデータを共有するために、日本との間で構築したような協力関係を各国との間でもつくろうとします。そして、たとえ日本政府が（協力に）「ノー」と言ったところで、どっちみちそうした通信記録を手に入れます。「イエス」と言ってくれた場合は、われわれはさらに先へ行くわけです。

この背後にある発想は、森羅万象《しんらばんしょう》のようなもの、あらゆる人の個人生活の完璧な記録をつくり出すということです。あらゆるシステム、電話、パソコン、インターネット・アドレス、Ｅメール、電話番号、クレジットカードが、関心の対象となります。それが何を行ったかの記録があるのです。いわば、常時稼働している監視のタイムマシンです。捜査の必要が生じた場合、基本的に発見され収集されて「バケツ」に入れられたものは何であろうと、ひっくり返して、中身をかき分け、抽出されます。それが私の仕事でした。

大量収集された情報も、管理や検索が不便では使い勝手が悪い。二〇〇七年に導入されたエックスキースコアは、この能力を飛躍的に高めた。特定のメールアドレスやパソコンのＩＰアドレスを打ち込めば、やりとりされたメールの内容、ネットの閲覧履歴、検索履歴が分かる。現時点で見ているサイトなど個人のオンライン上の活動をリアルタイムで監視することも可能だ。また、「イスラム国」や「トランプ大統領」といったキーワードを打ち込むことで、その用語を使った全メールを抽出することもできる。かつてスノーデンは、エックスキースコアについて「スパイのグーグル」と呼んだことがある。

スノーデン　日本政府は「私たちは大量監視には参加しない。ターゲットを定めた監視のみ行う」と言うかもしれません。米国政府も同じことを言ったかもしれません。「私たちも大量監視はしない。ターゲットを定めた監視だけだ」とね。

でも、私は現場にいたわけです。デスクに座って、名前を打ち込んでいたわけです。これはSF小説ではありません。今まさに、毎日起きていることなのです。

次第に米国だけの問題ではなくなっています。ロシアも大量監視をやろうとしています。中国もです。英国は既にやっています。私たちのパートナーですから。フランスやドイツのように、それほど米国に近くなくても、開かれた西側民主主義国であれば、これをやっています。

そうした国々の中には、情報当局を規制し、情報の使用を制限し、大量監視が日常化するのを防ごうと、もっとうまくやっているところもあります。しかし残念なことに、他の多くの政府はそのようにはしていません。彼らは「他の国がそうしているのだから、われわれもそうすべきだ」と決めます。これは長い時間をかけてより多くの自由を獲得してきた、自由で開かれた社会にとり危険な道行きとなります。

私たちは歴史の曲がり角、目の前に二つの分かれ道がある決定的な地点に到達しているのです。一つは、私たち自身が今享受している権利と同じ権利を、子どもたちにも与える法律をつくり、システムを構築する道。監視社会と呼ばれるより暗い道は、私たちはテロと戦っていると声高に主張し、あるいはテロと戦おうとしている事実を示し、それだけが重要な価値だとする社会です。

これらのプログラムが有効かどうか、人々の命を救うかどうか、は問題ではありません。そうしたプログラムを試すことだけが、重要なのです。そのために、あなたのしていることが監視されなければならないのです。政府は「通信内容を読むことはない」と約束します。しかし、もし政府が読んだところで、私たちは決して知りようがないのです。

では、権力による大量監視が野放図に広がっていくのを防ぐためには、どのような方策を講じるのが有効なのだろうか。「スノーデン文書」の暴露を受けて、米議会は二〇一五年六月、NSAの情報収集活動を制約する「米国自由法」を成立させた。NSAによる一般市民の通話情報大量収集は六カ月の移行期間後に禁じられ、通信会社が履歴を保管。捜査機関は個別の案件ごとに「外国情報監視裁判所」の令状を得て提供を求めることになった。議会が米情報機関の権限を制約する法律を成立させたのは約四〇年ぶりとされ、スノーデンは米ニューヨーク・タイムズ紙への寄稿で「すべての市民の権利にとって、歴史的な勝利」と評価した。

スノーデン　政府の監視当局や捜査当局など行政部局を議会の管理下に置くという考えは、いいものです。しかし、同時に裁判所の監督下にも置く必要があります。これが、私たちの知る唯一の有効なチェック方法です。

裁判所が、ひとつひとつ個別の事件レベルで確認するのです。政府が誰かをスパイしたいと思ったら、裁判所に行って「ここに、この人物が犯罪者であることを示す証拠があります。彼を監視したいのですが」と言うのです。

日本では、警察が伝統的にこうした令状請求を通して捜査を進めてきたことを知っています。捜査令状の九七%は承認されていると思いますが、裁判所の許可を得ている。道理にかなっています。

警察であれ、政府であれ、監視令状請求が適正であるなら、なぜそれを裁判所の目から隠すことに悩む必要があるのでしょうか。もちろん裁判官は監視にゴーサインを出すでしょう。政府が裁判官の机の上に証拠文書を出して、この人物はテロリストで、人混みでの爆弾事件を計画していると述べたときに、「だめだめ、監視令状は出せないよ」と言う裁判官など世界のどこにもいません。もちろん、裁判官は「よろしい、この人物をスパイし、逮捕したまえ。社会の安全を保つために、われわれはそうすべきだ」と言うでしょう。

裁判官たちは合理的な人物であり、そこに私たちが頼るべき理由があります。彼らがバランスを保つ役割を担うことは、重要です。「確かに、これはテロリストだ。彼らを監視してもいい」とか「いや、これは政治活動家だ。暴力的ではない。破壊活動分子でもない。社会にとって危険ではない」という形で進めるのです。

さらに言えば、このことは、より大きな立法措置を講じる際に、少なくとも政府は信頼できることを確かめることにもなります。繰り返しになりますが、政府は(国民に)信頼を要求するのではなく、自らの行動を通して政府が信頼に値することを明示するべきなのです。

▼「ばかげています」

スノーデンは、大量監視について「SF小説ではない。日常だ」と述べた。だが、私たち日本人は、どこか「日本はそこまでやらないだろう」と思っていないだろうか。では、この事実はどう解釈すればいいのだろう。先に言及した、大量監視プログラム「エックスキースコア」が、既に日本国内にあるのだ。これも、「スノーデン文書」が暴露した。二〇一三年四月八日付の機密文書（次ページ図）の中に、「以前、NSAから日本のシギント（注　電子信号情報スパイのこと）担当部局に供与された、エックスキースコアのようなシステム」という記述がある（'SIGINT systems previously provided to DFS by NSA, such as XKEYSCORE'）。この文書が一七年四月、米調査報道メディア「インターセプト」とNHKによって報じられ、国会で取り上げられたとき、安倍晋三首相は「出所不明の文書」とコメントを拒否した。本当に出所不明の得体の知れない文書なのか、スノーデンにぶつけてみた。

スノーデン　私たちは、これらが虚偽の文書ではないことを知っています。あるNSA職員（注　スノーデン自身のこと）からジャーナリストに渡され、その報道が米ジャーナリズムの最高賞ピュリツァー賞を獲得した文書です。欧州、米国、日本、その他あらゆる場所で報じられた文書です。米国政府が、これらの文書は正真正銘、本物だと認めています。日本政府が、おそらく本物

SECRET//REL TO USA, FVEY

SECURITY CLASSIFICATION

NSA STAFF PROCESSING FORM

TO ADET 19 April	EXREG CONTROL NUMBER CATS 2013-3528		KCC CONTROL NUMBER ADET-320-13
THRU		ACTION	EXREG SUSPENSE
SUBJECT (S//REL) Request for ADET SIGDEV Materials to be Used for Training the Japanese Directorate for SIGINT Personnel		☒ APPROVAL ☐ SIGNATURE ☐ INFORMATION	KCC SUSPENSE ELEMENT SUSPENSE

DISTRIBUTION
ADET, SSG, DP11

SUMMARY

PURPOSE: (S//REL) To request approval to provide CSRK6000 (Third Party version) - Introduction to SIGINT Development (SIGDEV) - to the Japanese Directorate for SIGINT (DFS) from 22-26 April 2013.

BACKGROUND: (S//REL) The Japanese Directorate for SIGINT is in the early stages of developing a capability to conduct SIGINT support to Cyber Network Defense (CND). This support involves using SIGDEV and SIGINT systems previously provided to DFS by NSA, such as XKEYSCORE, WEALTHYCLUSTER and CADENCE. DFS personnel assigned to support this cyber effort have not been trained on these systems they will use to conduct this new mission; assistance from NSA subject matter experts is needed. Supporting the development of CND within Japan aligns with NSA and the U.S. government long-term strategic goals of bolstering the CND capabilities of partner nations with whom we share sensitive and classified information.

(S//REL) This three-day course will provide students with an overview of what to expect when working as an analyst within the SIGDEV environment. It looks at the entire SIGDEV process beginning with a definition of SIGDEV, who is responsible for SIGDEV, and the vital steps in the SIGNALS Intelligence process. The course then addresses the process starting with the initial SIGDEV requirement and follows it through the research, collection, analysis, interpretation, and dissemination phases.

DISCUSSION:
(S//REL) [redacted] NSA/CSS Hawaii Technical Director for SIGDEV Strategy & Governance, has agreed to travel to Japan to provide CSRK6000 (Third Party Version) to the Japanese from 22-26 April 2013.

(S//REL) This training has been coordinated and approved by the Japan Country Team. Course materials for use with DFS have been approved by NSA SSG CAO.

This is the last time I sign off on one this late — 2 weeks minimum required

☒ Change Name and Date column(s) type

COORDINATION/APPROVAL

OFFICE	NAME AND DATE	SECURE PHONE	OFFICE	NAME AND DATE	SECURE PHONE
☐ E9	[redacted] /11 Apr. 13	[redacted]			☐
☐ E813	[redacted] /17 Apr. 13				☐
☑ SSG	[redacted] /email//11 April 2013				☐
☑ FAD	[redacted] /s// 8 April 2013				☐
☐ CAO	[redacted]				☐

ORIGINATOR	ORG.	PHONE (Secure)	DATE PREPARED
[redacted] Digitally signed by [redacted]	DP12	[redacted]	20130408

FORM A6796D REV JUN 2012 (Supersedes A6796D APR 2012)
NSN: 7540-FM-001-5465
Derived From: NSA/CSSM 1-52
Dated: 20070108
Declassify On: 20380401

SECURITY CLASSIFICATION
SECRET//REL TO USA, FVEY

スノーデンが暴露した，エックスキースコア・システムが日本政府に供与されていることを示すNSAの2013年4月8日付機密文書(「インターセプト」2017年4月24日公開)．

ではないというのはどういうことでしょう。たぶん狼狽《ろうばい》しているのです。ばかげています。

インタビューを通じて冷静だったスノーデンだが、このときばかりは口調を荒らげた。確かに流出元の米国政府が本物と認めた文書を、日本政府が「出所不明」と言い張る合理性はない。スノーデンの怒りは日本政府答弁の無責任さに向かった。

スノーデン　しかし、これは重要な教訓ですね。日本政府が文書は本物かどうか知らないのでコメントできないと述べ、オバマ大統領が文書は本物だと言う。

でも、加計学園問題のような最近のスキャンダルに注目すると、同じ人物つまり菅義偉官房長官が、同じような言葉で、同じように否定していますね。「ああ、私たちはこれらの文書が本物かどうか知らない。それらに関するいかなる記録も発見できない」とね。おそらく、彼はこれらの文書をシュレッダーで細断し、側溝に放り込んだのです。だから誰も知らない、そうじゃないですか？

スノーデンが言及したのは、加計学園問題で二〇一七年五月、国家戦略特区担当の内閣府から文部科学省に対し「総理の意向」などとして伝えられたとする記録文書が判明、それを文科省側が「文書の存在が確認できない」として否定した一連の動きを指す。「総理の意向」文書について、菅官房長官は当初「何を根拠に言うのか。出どころも明確でない怪文書じゃない

「エックスキースコア」に関する内部文書を掲げて説明するエドワード・スノーデン（2017年5月29日，モスクワ）
Photograph copyright © by Frank Herfort
Reproduced by permission of the Photographer

か」と強く否定。だが、このインタビュー後の六月、文科省は実際には文書が存在していたとの再調査結果を発表した。

スノーデン　結論はこうです。もし文書が本物かどうか、疑問が生じたら、たとえ本物であることに確信はなくても、首相周辺のスキャンダルや日本国民への監視など公的に極めて重要な問題を扱っているならば、公の調査を開始するのです。全党派の議員が、米政府官僚であろうと日本の官僚であろうと召喚し、真実を語るという誓いを立てさせ、もし偽証を行った場合、犯罪として捜査されるような、誰もが傍聴できる開かれた議会で調査するのです。

ドイツはこれをやりました。ドイツは、NSAの暴露文書が真実で正確かどうか、公的な取り調べに乗り出した世界で唯一の国です。その目的は、米国のNSAがやったことを明らかにするだけではありません。NSAと組んでドイツの情報機関が何をしていたか、彼らが法を破っていないかを解明することでした。

菅義偉官房長官は、（スノーデン）文書が本物かどうか定かでないと言うなら、ドイツがやったような議会調査を要求すべきでしょうね。米国のNSAがしたことだけでなく、日本の情報機関がしたことを確かめるために。そうすれば、人々は彼を信じられる。

▼民主主義の危機

スノーデンの矛先は、かつて彼自身がウォッチしていた日本政治に向かった。安倍一強体制と呼ばれる中、政権が議会を軽視し、その中で共謀罪法案の審議を強権的に進めたことについて、民主主義の危機ととらえる。

スノーデン　共謀罪法案の背後で日本の市民が直面している課題とは、政府が国民の考えていることに関心を払っていないという点にあると思います。まるでかつての特定秘密保護法案や、抗議活動が広がった安保関連法案の時のように。政府は合意形成に関心がない。そうする必要がないからです。

衆参両院で三分の二以上の議席を持つ単一政治勢力、政治王朝があるときに、政府が国民の前まで来て、これはいいアイデアだからと説得する必要はありません。ただ、押しつければいいのです。過剰な権力がごく少ない手に集中することは、あらゆる国が憂慮すべきことです。

私は、日本の特定の政党については立場を明らかにはしません。自民党がいいとか、民進党はだめだとか、そういうことは言いません。より広い見地で考えれば、ものごとはもっとシンプルです。

共謀罪法案について議論をしている現在、そして国民が数々の世論調査で、この法案は納得できないし理解もできないという現在、さらに現政権が首相をはじめ何人も関わっている多くのスキャンダルに直面している現在。これは、何かを、責任の感覚ともいうべきものを呼び覚ますはずです。

政府の責任感とは「オーケー、議論のスピードを緩めよう、この法案についてきちんと議論しよう。なぜなら、われわれは国民の支配者というより、パートナーなのだから」という方向へ行くべきだと、あなたも考えるでしょう？

しかし、そうではなくなっているようです。私は、これは日本の悲劇だと思います。政治家が公益とは別に、自分自身の私益を持つという考えに誰も驚かない、長い歴史を持つ日本という国にとっての悲劇。どうでしょう？

政治家たちは、「国家安全保障」とか「国益」とか「公益」のようなことを語るのが大好きです。しかしながら、政治家たちが今、何をやっているかに注目すると、森友学園問題や加計学園問題では、彼らの妻が一〇〇万円を封筒に滑り込ませたり、国有地を友人に安く提供するための秘密の取引をしたりしています。さらには、自分たちの友人である有力者を社会の特権的な地位に任命しています。

彼らのしていることは、政府に対する国民の掌握力を徐々に、少しずつ弱めます。政府がもはや国民の意思に従う必要のないところまで。

そして、どんな国であろうと、国民が選挙に価値はない、投票に意味はないと感じるようになるのは、とても簡単なことなのです。彼らはほかにあまりに多くの責任を引き受けています。仕事があり、家族がおり、支払わなければならない請求書があり、そうした理由で、政治に関心を向けません。

しかし、こうして私が一人の米国人として、あなたに会いにきたのは、米国史上最低の能力しか持たない大統領が直近の選挙で選ばれたのを目撃したからです。これは極めて重大です。すべての投票に意味があります。そして、ほかの何よりも重視しなければならないのは、適切な権力のバランスを確保することです。

たった一つの政党しかなかったら、という場合を考えてみて下さい。その政党が、完全な支配権を持ち、その権力があなたの利益とは相反する方法で使われるかもしれないという場合を。

第3章　世界に広がる監視網の一翼

スノーデンは二〇〇九〜一一年に、東京都の米軍横田基地にいた。その頃の経験を聞いた。

スノーデン　日本に来る前、私は長期にわたり米国の情報機関で働いていました。スイスのような海外にある米中央情報局(CIA)のスパイとして働いていました。そうして日本にある情報機関へと配置換えになったのです。(東京都の)米軍横田基地におりました。私は基地の外、福生市《ふっさ》に住んでいました。そこに住むことが、ずるい手であることを理解することが重要です。

「ずるい手」とは、表向きコンピューター会社デルの社員として来日していたことを指す。福生市に住むことで民間人のように装いながら、実際には横田基地内の国家安全保障局(NSA)で契約職員をしていた。

スノーデン　私は日本では、この地域でスパイ活動を行うすべての要員のために、通信網を構築する技術スペシャリストとして働いていました。それは、日本だけでなくアジア全体で、すべてのスパイ拠点を互いにつなぎ、米国に情報を送り返せるようにするものです。

もともとの理念は米国にある中枢から、世界全体をスパイできるようにするというものでした。しかし、これは技術的に大変難しい仕事でした。そこで、横田基地が日本における米国の電子スパイの中枢神経として考えられた可能性があります。

▼米国が法律立案、法改正に深く関与する

スノーデンが暴露した文書によると、横田基地や沖縄にある米国のインテリジェンス関連施設を建設するために、日本政府が費用を負担している。二〇〇四年七月二一日付の機密文書は、横田基地内に建設された「工学支援施設」の建設費六六〇万ドル（約七億三〇〇〇万円）のほとんどを日本政府が負担し、スタッフの年間給与約三七万五〇〇〇ドル（約四一〇〇万円）の全額を日本政府が支払っていることを暴露した。二〇〇七年三月一六日付の文書は、沖縄にあるNSAのハンザ通信情報収集施設をキャンプ・ハンセンに移設した経緯を紹介しており、「日米間の合意によると、日本政府は新施設の建設費と新たに置き換わる通信情報収集システムを含む、移設費用の全額を支払う。日本の納税者が負担する額は五億ドル（約五五〇億円）を超えると試算される」と記載している。日本から米軍へのこうした支出は「思いやり予算」と呼ばれる米軍駐留経費から支払われているとみられ、細目や具体額が表に出ることはほとんどない。

スノーデン　嘆かわしいことですが、これらは事実です。現実には、米軍が駐留している国々で駐留費用を最終的にそうした国に払わせるというのは、とても一般的なことなのです。それは、

第二次世界大戦の結果で引き起こされた、新たな種類の植民地主義です。

ドイツにも米軍基地がありますが、彼らは米国のインテリジェンス活動費を最終的に支払っています。たとえ、米要員のインテリジェンス活動がドイツ人に影響を与えることがあってもです。同じことが、日本でも起きているのです。必ずしも同じ方法ではありませんが。しかし日本政府はいくつかの理由から、（米軍費用の）肩代わりをすれば（米国との間で）良い取引を引き出せると信じているのです。

スノーデンはかつて「（二〇一四年に施行された）特定秘密保護法案は、実は米国がデザインしたものです」と語っている。米国のインテリジェンス機関は、自らの情報収集活動を拡大・強化するために、同盟国の法律立案や法改正にまで深く関わっている。

スノーデン　別に日本だけではありません。欧州でも、われわれは同じことをしています。世界中のあらゆる同盟国政府と同じことをしているのです。

われわれの国家監視機関であるＮＳＡには、外交問題理事会（Foreign Affaires Directorate）と呼ばれる部局があります。ＮＳＡは巨大組織です。三万三〇〇〇人、あるいはそれ以上の人員を擁しています。米国のインテリジェンス・コミュニティは、軍事部門を含めて年間七五〇億ドル（約八兆二五〇〇億円）超の予算を得ています。民間部門だけでも五二〇億ドル（約五兆七二〇〇億円）以上です。これは本当に正常なのだろうかという疑問が出てきます。

ものごとは、いつも秘密裏に進められます。公式には日本政府も、もちろん安倍晋三氏もNSAのトップと同席することはありません。それはあり得ない。でも、日本で通信情報の収集に当たる担当者や警察庁の担当者のグループは、米国の情報担当者らと一緒に仕事をしています。連邦捜査局（FBI）であれ、NSAであれ。

米国は監視技術の取引を行っています。そこで、もし日本がとても興味深い、新たな監視技術を開発したとします。いつかは米国の知るところとなり、互いにその技術が存在することを知ったところで、米国側は日本に技術の共有を求めるでしょう。ちょうど、日本が折に触れ、米国側に対して技術の共有を求めるようにね。「この暗号を解く手助けをしてもらえるかい？　これとあれの傍受を手伝ってもらえるだろうか？」。こんなことは、しょっちゅうです。完全に日常なのです。

会議を開き、意見交換し、目的を分かち合い、「これがわれわれのやりたいことだ。でも、われわれの国の法律が、許してくれなくてね」などと話しています。彼らは、合法化されている他の国々に尋ねます。「どうやって合法化したんだい？　法律違反だから全員のスパイはできないような社会から、あらゆる人の通信情報を収集する国へと、どのようにして移行したのか？」。合法化された国からは「さて、これがわれわれのやったことだ」との説明があります。彼らは必ずしも「このように法律を書け」とは言いません。「これがわれわれの成功法だ。これらが、わが国の法体系を通じて押し通すことのできたメッセージと理念だ」と語ります。

だとすれば、共謀罪法も米政府がデザインしたのだろうか。単刀直入に「そう言いきれるか」と問うた。

スノーデン　できればそうしたいのですが、言えません。正直に言って、知らないのです。自分が証明できないことを断言するわけにはいきません。この場合、日本の共謀罪法案は、私が既にNSAを去った後で、つくられました。だから、確かなことは知りません。

しかし、あなたに言えるのは、こういうことです。両国の関係で、米政府が「おお、われわれは日本の秘密保護法が気に入らない。罰則が十分でないし、強力でもない。だから、日本側がわれわれの法に適合するよう法改正しない限り、日本に機密情報は供与できない」と言う。これこそ、われわれが歴史的に繰り返し目撃してきたことです。

米政府は、日本国憲法を書き上げるのにも手を貸しました。したがって、テロに関連するこれほど重大なテーマで、日本が米政府に助言を求めないということは、あり得ないように思います。

▼取り込まれる日本

「スパイのグーグル」とされる高性能の大量監視プログラム「エックスキースコア」を米国が日本に供与した意図は何だろうか。米国にとって利益がなければ、渡すはずもないプログラムだ。

スノーデン　大量の情報を取り込むという考えは、全世界の通信情報を注ぎ入れる「バケツ」をつくることです。彼らは、あなたの使うプロバイダーにも入り込むし、日本を離れ、海底を通って米国や中国、その他の国々にもコネクトします。彼らは無線で衛星とつながり、地球の周囲とも情報をやりとりしています。東京の真ん中で、あなたの携帯電話が最も近い中継塔に無線周波数で発信したかどうか、もです。

ＮＳＡが収集したすべての記録は、「バケツ」に投げ入れられます。彼らはパワフルかつリッチで、情報収集を可能にする数多くの収集ポイントを持っています。そう、米国国境を通過するすべては傍受され、精査され、収集されるのです。同じようなことが、英国、オーストラリア、ニュージーランド、カナダでも行われています。これら五カ国は、「ファイブ・アイズ監視連合」と呼ばれています。

日本はファイブ・アイズに入っていません。でも、似たようなレベルで信頼される国に近づいています。違いは何かというと、英語を話すかどうかです。日本は英語が第一言語の国ではありません。だから、英語を話す国々からは常にアウトサイダーとして扱われます。しかし、米国が収集した記録と残りのファイブ・アイズが収集した記録を各国が共有すれば、あらゆる人がいつ、どこで、何をしているか、より完璧な実態が分かります。エックスキースコア・システムを日本に使ってもらえば、さらにこれが広がります。そういう発想です。

米国は、テクノロジーや大量監視についての考え、どうやって監視法をつくるべきかなどという考えが信用に値する国々を求めています。最終的には、政治的影響力の強弱の問題です。そうでしょう?

スノーデンによれば、米国と「ファイブ・アイズ監視連合」が形成するインテリジェンスの世界があり、その周辺に日本など緊密な同盟国を含めたより大きな連合体がある。つまり共謀罪法は、個人のプライバシーを筒抜けにする監視社会の入り口となるだけではない。米国を中心に世界に広がる大量監視網に日本が組み込まれ、その一翼を担うことを意味する。では、日本と同様にエックスキースコアなどを供与されている国はどこか。

スノーデン　多くを知っています。しかし、私は自分と一緒に仕事をするジャーナリストによって、未だ公表されていない機密情報を、私自身が暴露することはありません。これがポリシーです。

意思決定プロセスから自分の政治的偏見を排除するという特定の理由によります。私には強い感情があり、短気な男だからです。

そこで、文書を保有するジャーナリストたちに、これは国民に知らせるべきかどうかの決定をゆだねるのです。そして、彼らが暴露すれば、私がそれを説明します。

質問で図らずも、スノーデンのポリシーが浮き彫りになった。機密文書をジャーナリストに預け、どの文書を公開すべきかの判断を委ねる。スノーデンはジャーナリズムに信を措《お》く。この点が、機密文書の暴露を自分主導で進め、既存ジャーナリズムと対立したこともある内部告発メディア、ウィキリークスのジュリアン・アサンジ氏との違いだ。

▼日本をスパイする

スノーデン　ここ数年、日本関連で私の文書やウィキリークスなどが暴露したことに注目すると、米国は基本的に、(日本との)交渉でよりよい結果を得るため、ないしは日本に流出したお金を米国に取り戻すため、日本の外交目標や通商目標、経済的な強みについてスパイし続けてきたことが分かります。

これらのプログラムは、テロとは何の関係もありません。経済的な利益を上げるためのスパイ行為であり、外交駆け引きを優位に進めるための操作であり、社会的に影響を与えようとするものです。大量監視は安全とは関係ありません。権力のためのものなのです。

スノーデンは「ターゲット東京」に言及した。「ターゲット東京」とは二〇一五年七月、ウィキリークスが公表した米NSAによる日本の財務省、経済産業省などへの大規模盗聴事件のことだ。暴露文書には、第一次安倍政権の二〇〇六年九月〜〇七年九月、日本政府中枢の電話が米側に筒抜けだったことが描かれている。同盟国である日本へのスパイ行為そのものも驚きだが、スパイされた側である日本政府が米国政府に強い抗議の姿勢を示さなかったことが、スノーデンには強烈に映った。

スノーデン　奇妙なことです。私は実際、このインタビューに備えて文書を再度読んでみました。日本の良き同盟国である米国が、日本の法律を侵害しているというあらゆる証拠がそろっているのに、なぜ日本政府は異議申し立てすら行わず、問い合わせもせず、議会も回答を求めないのかと。最終的に損害を受けるのは、日本国民だというのに。

これらの文書は、経済官僚のような――オーケー、それはスパイにとって正当なインテリジェンスの標的かもしれません――そうした日本政府官僚だけをスパイしていたわけでないことを示しています。適切でも適法でもありませんが、官僚に対してなら、まあ、その種のことはやるなと理解できます。しかし、NSAは三菱や三井のような民間企業もスパイしているのです。日本銀行もスパイしています。しかし、私にとって何が最も興味深いかと言えば、われわれのこれまでの議論で出てきた名前がここにあることです。(官房長官の)菅義偉氏です。

彼はこの「ターゲット東京」の監視で、個人的に標的になっていると名指しされた高官の一人です。そして、抗議はしていません。自らがスパイされながら、こうしたあらゆる監視報告の文書を次々と否定してみせるこの男には、一体何が起きているのでしょう。この人物がどうして恥ずかしいという気持ちを抱かずにすむのか、一米国人として理解に苦しみます。

日本政府は、少なくとも不満を表明したり、これは正しくないと述べたり、同意できないとか、受け入れがたいとか述べたりする義務を感じていません。これは単に、米国との良好な関係を維持するためという問題ではないのに。

「ターゲット東京」の暴露に対する、菅官房長官の記者会見での発言は「仮に事実であれば、同盟国として極めて遺憾だ」という淡々としたものだった。安倍首相はバイデン米副大統領（当時）との電話会談で「事実なら同盟国の信頼関係を揺るがしかねず、深刻な懸念を表明せざるを得ない」と抗議し、調査と結果説明も求めた。しかし、これも「（暴露文書が）事実なら」の条件付きで、結局この電話会談で、幕引きを図った形に終わった。

スノーデン　ドイツのアンゲラ・メルケル首相は数年前、個人的に標的となり、自分の携帯電話がNSAに盗聴されていたことが明らかになったとき、「まあいい、問題ない」とは言いませんでした。彼女は不満を表明して抗議しました。

彼女は、これは正しくない、変えるべきだ、終わらせなければならないと述べました。われわれはこの件で、行動を起こすべきだ、われわれはパートナーであり、同盟国なのだから、と。われわれは協力し、お互いが信頼できなければならない、だって味方なのだから、とも。

米国のスパイが中国ではなく、日本を盗聴していたとすれば、いったい（日本にとり）誰が最大の脅威なのでしょう。どうすれば、日米は一緒に仕事をし、互いの国民の利益に奉仕することができるでしょう。なぜ、誰もそれを尋ねないのでしょう。これは、日本の報道関係者全員が菅義偉官房長官に質すべき問題だと思います。

スノーデンの語りから浮き彫りになる日米関係は、実に一方的でゆがんだものに見える。米国は自らのインテリジェンス関連費用を日本に肩代わりさせ、大量監視の一翼を担わせ、一方で日本の政治・経済の中枢を密かにスパイし、日本側はそれに強く抗議もしない。これは同盟とか、パートナーとか呼べる関係ではない。ごく控えめに言って、植民地と宗主国ではないか。

スノーデン　問題は、日本のように特に軍事的でない国が、恒常的に戦争状態にある国に対して無条件に依存するような関係を結んでいいのだろうかということです。米国は世界で善なるもののための力であると信じている人でさえ——私もまだ信じていますが——、米国がもう一〇年以上もこういう状態を続け、誰かを爆撃したり侵略したりしていない時期がほとんどないという事実に不安を覚えるにちがいありません。

日本の政治家が「われわれはテロ攻撃から日本を守りたいのだ」と話すのを聞くと、ひとつの良い方法は、誰も襲わず、誰も爆撃せず、攻撃もしない、非侵略的な外交政策を維持することです、と言いたくなります。爆撃や侵略は敵を生むからです。

あなたがもし、テロリストを殺したとして、生き残った彼の家族全員がこのことを忘れません。彼らは成長し、ある日復讐を望みます。ある種の正義を、たとえそれが不当な正義だとしても、少しも正義でなくとも、望むのです。

しかしながら日本政府部内には平和的な協力関係を追求する代わりに、日本国憲法の平和的な部分を弱め、より攻撃的に改変しようとする動きが見られますね。これこそ日本のすべての市民が問うべきものだと思います。これが本当に私たちの未来にとってベストなのか、私たちをより安全にするのか、あるいは実際には一層の危険にさらされる結果になるのか、と。

第4章　死ぬほど怖いが、やるべき価値はある

スノーデンのモスクワでの生活に関心があった。祖国から訴追され、予想もしなかった国で、先の見えない亡命生活を強いられている日々を。

▼公衆のスパイ

スノーデン　ご存じですか。会う人ごと、みんな私に「亡命生活は、どんな感じ？」と聞いてきます(笑)。もちろん、これは自主的に選んだライフスタイルではありません。自分の国に、家族の元へ、自分の家へ帰りたい。ロシアにとどまることを選択したわけではないのです。

米国政府は、ここで私をわなにかけました。香港でジャーナリストたちに会い、私は亡命を求めようと考えていたラテンアメリカに向けて出発しました。しかし、米政府は私が香港を離れたことを知るや、ほかの国々に移動させまいと、私のパスポートを無効にしたのです。それ以来、私はここで足止めを食っています。モスクワ空港にいたとき、世界の二一カ国に対して亡命申請をしました。大半は西欧諸国ですが、実際には日本も申請した国の一つだったと思います。チェックすれば、分かります。

スノーデンの亡命申請を支援した内部告発サイト、ウィキリークスによると、二一カ国は、オーストリア、ボリビア、ブラジル、中国、キューバ、フィンランド、フランス、ドイツ、インド、イタリア、アイルランド、オランダ、ニカラグア、ノルウェー、ポーランド、ロシア、スペイン、スイス、ベネズエラ、エクアドル、アイスランド。日本は含まれていない。おそらく記憶違いだろう。

スノーデン　私は今も世界中に出かけようとしています。そうすれば最終的には自分の家へ戻るのではないかと考えるのです。おそらくはある日、日本で歓迎していただければ、うれしいです。当然ですが、亡命とは遠く離れた生活のことです。しかしながら、今日素晴らしいのは、世界中のあらゆる場所に毎晩のように行けるということです。私は毎月、米国の大学で講演をしています。明日は、ポルトガルで国際会議に出ます。先週も別の場所で講演をしていました。私は実はモスクワに住んでいないと理解することが、重要です。私はインターネットに住んでいるのです。

多くの人々がこのことを、もっともっと新しい感覚で理解していると思います。でも、亡命生活を強いられないと、テクノロジーの力に対する完全な理解は得られないでしょうね。

インタビューを行った頃、二〇一六年の米大統領選にロシアが干渉したとされる「ロシアゲート」疑惑が噴き出していた。米情報機関は、ロシアのプーチン大統領が共和党のトランプ氏を勝利させるため民主党陣営にサイバー攻撃を仕掛けたと断定。ロシアとトランプ陣営の共謀が疑われ、特別検察官の捜査が始まった。ロシアは干渉を否定しているが、米ロ関係の動揺はスノーデンの将来に影を投げかける。

スノーデン　もちろん、米ロ関係は困難な時期を迎えています。幸いなことに、私はロシアとの間に強い関係を結んでいません。したがって、他の人ほどには、事件は私に影響を及ぼしていません。しかしながら、これは尋常ならざる事態です。私が政治的に直面する最も困難な試練の一つになり得ます。

でも、二〇一三年六月のことを思い出して下さい。私が初めて、(香港で機密書類を暴露した後)名乗り出たときです。米国政府は、尋常でないプロパガンダ攻勢を私に仕掛け、やつは裏切り者だ、スパイだ、その他あらゆる罵詈《ばり》雑言《ぞうごん》を浴びせました。

中国(香港)にいたときには、やつは中国のスパイだと言われました。ロシアに移ると、ロシアのスパイだ、と。別の国へ行けば、フランスに落ち着けば、政府は私がフランスのスパイだと言うでしょうね。行った先々に沿って、ストーリーが変わるのです。でも、歴史は人々の汚名をすすぐ方法を示しています。

一九七〇年代の著名な内部告発者、ダニエル・エルズバーグ氏(注　元米国防総省職員。一九七一年にベトナム戦争の秘密文書「ペンタゴン・ペーパーズ」を米紙に暴露)が、多くの米国人やベトナム人、ラオス人らの命を犠牲にしたベトナム戦争で、米国がいかに国民を欺き続けたかを示す機密情報を暴いた際、政府は同じ言葉を彼に投げつけました。政府というものは、定番のセリフ本を用意しているものです。彼らが言ったのはこうです。「この人物はスパイだ。真の米国人ではない。とにかく違う」

もし、私がスパイだとすれば、私は公衆のスパイです。私は、ロシアや中国やその他の国々のためには働きません。私は依然として米国のために働いています。彼らがただ、知らないだけなのです。

スノーデンは、米国が行っていた大量監視の実態を内部告発することで、多くの者から賞賛されたものの、代価も支払った。祖国へは戻れず、戻っても法廷に立たざるを得ない。「正義を追求する」と言うのはたやすいが、身を切るような決断があったにちがいない。彼に続く告発者たちには、何を言い伝えたいのだろう。

スノーデン　リスクのない生活を送っている人はいません。刑務所の中ですら、人々は虐待や暴行を受け、殺害されます。(テロという)この新たな地球規模の恐怖のまん延に対応するため、人々も政治家もますます、より安全な体裁を取り繕おうとしています。あまり効果がなくても、あらゆる手段をとると言っています。

しかし、私たちは安全のために生きているわけではありません。安全だけを追求して、住む場所を決めたわけでもありません。人類の進歩は、勇気を奮い起こし、機会を捉え、何か新しいことに挑戦することから始まります。

私の個人的経験について話しましょう。それ（注　大量監視の実態の内部告発）は死ぬほど怖く、しかしやるべき価値はありました。

もし、私たちがそれをしなければ、政府による犯罪と腐敗の事実を目撃して、それを見過ごせば、世界は子どもたちにとってさらにひどい場所になるだけでなく、私たち自身にとってもひどい場所になります。そして、自分自身の価値もおとしめます。

自分が腐敗に関係して、いくつかの不正義を目撃して、そこから目を背けたら、毎朝ベッドから離れる決意をすることが、死ぬほどつらくなります。

自分の家族や友人と分かち合う日常の朗らかさというものは、失敗するかもしれないリスクに挑む意志によって、持ちこたえています。失敗をいとわず、何かを信じるだけでなく、私たちをより強く、より自由にする何かのために闘うこと。それが、明日をより前向きな良きものにするのです。

▼スマホを安全に持てる社会に

メディアを敵視するトランプ米大統領が登場した中、スノーデンは一貫してメディアの重要性を訴えている。権力とメディア、人々とメディアの関係をどう見ているのだろう。特に米国内の先鋭化する対立を。

スノーデン　自由な新聞があるだけでは十分ではありません。新聞そのものが、真実を伝えることを恐れるようになれば、おそらく報いを受けるでしょう。広告主は支援を取り下げ、政府官僚はジャーナリストと会うことをやめるでしょう。

権力機関がこうしたメカニズムを悪用しようとしているのを見るのは、悲しい現実です。私たちは、日本でそれが試みられるのを見ました。米国でも増えている実態を目撃しています。ただ、私が自分の国を最も誇りに思うことの一つは、この大統領（注　トランプ氏のこと）がメディアの（権力に対する）懐疑的態度と権力監視の再生を誘発していることです。

この非常に攻撃的な大統領に対して、メディアは積極果敢な姿勢を緩めていません。より攻撃的になっています。これは完全に妥当であり、必要なことです。米建国の父たちの一人（注　第三代大統領トーマス・ジェファーソン）はこう述べています。「もし、私が新聞なき政府と政府なき新聞の間で選ぶとすれば、政府なき新聞だ」

スノーデンは、誰もが当たり前に使っているスマートフォンを持っていない。わけは想像がつくだろう。当局の監視を避けるためだ。インタビューに遅れてきた理由もそれだった。

スノーデン　このホテルまで歩いて来たことはありません。以前はタクシーを使っていました。今回、地下鉄駅から歩く必要があったのですが、道順が難しかった。私はほとんどの方々が使っているスマートフォンのような携帯電話を使いません。だから、GPS（衛星利用測位システム）のナビゲーターを使えなかったのです。

私を取り囲む事情が理由です。私は監視対象です。未だにこんな不安定な環境にいます。（当局は）必ずしも私自身をスパイするわけではありません。私は、現実にはもはや秘密を握っていません。でも、私と話をする人々が、スパイの標的になります。望ましい状況ではありません。私はこのような中で、多くの人権擁護活動家の方々と話します。

私は人々が今後も、現状のまま生活を維持できることを示すのが、最善の実践だと考えています。人々はスマホを放棄すべきではありません。私は今、ＮＰＯ（民間非営利団体）法人「報道の自由財団」の仕事の多くを、シリアの戦場など最も危険な地域で、依然として旧来の機器を使って働くジャーナリストに向けた新たな通信の創造に割いています。

報道の自由財団（Freedom of the Press Foundation）は二〇一二年、言論・報道の自由を擁護するために設立された米国のＮＰＯ法人。中心メンバーで構成される理事会には、ベトナム戦争の内幕を告発したダニエル・エルズバーグ氏、スノーデン文書をスクープした元英ガーディアン紙記者グレン・グリーンウォルド氏、映像ジャーナリストのローラ・ポイトラス氏らがいる。スノーデンは一四年に理事に加わり、一六年には理事長に任命された。

スノーデン　相棒と一緒に、米マサチューセッツ工科大（ＭＩＴ）に紹介したプロジェクトがあります。私たちは「違法行為　デジタル監視の乱用に対抗する」と題した文書を提出しました。

基になる考えは、反政府勢力の取材をするジャーナリストを政府が追跡し、彼らを抹殺するために監視するシリアのような戦場で、ｉＰｈｏｎｅ（アイフォーン）のような現在の携帯電話を持ち歩き、使うことは可能なのだろうかということです。実際に、あるジャーナリストの際だったケースを聞きおよび、二度と同じようなことが起きないようにしたいのです。

▼携帯の位置情報を標的に

スノーデン　このジャーナリストは、英タイムズ紙の女性記者で名前をメリー・コルビンと言います。著名な戦争記者です。彼女は、シリアのどの町かは覚えていないのですが、たしかホムスだったと思います、シリア政府軍が包囲する町からリポートしていました。彼女は反政府勢力側に取材して、政府軍が市民、非戦闘員、普通の人々をどのように殺害したかを報道していました。

メリー・コルビン(Marie Colvin)は一九五六年生まれの米国人女性ジャーナリスト。一九八五年以来、英タイムズ紙の日曜版であるサンデー・タイムズで記事を書いていた。シリア内戦では、スノーデンが指摘したとおり、シリア政府軍が包囲したホムスの町から報道を続けていた。

スノーデン　記事を書き上げて、彼女はそれを「中央通信社」に持ち込みました。包囲された町の中に、唯一の地下メディアがあったのです。シリア政府側は必ずしもそれがどこにあるのか、知りません。しかし、彼女は毎晩そこから衛星通信で英ＢＢＣ放送までつなぎ、現状や何が起きているかをリポートしていました。

さて、彼女は記事を書き上げると、それを送信するのに携帯電話を使用していました。問題は、携帯電話がいつどこで起動したか機械的に分かってしまうことです。そうした電話は基本的に、年がら年中あたり一帯に「私はここにいます」とわめき散らしているようなものです。携帯電話の中継塔、あるいは宇宙の通信衛星はそれを聞いています。そして、中継塔がシグナルを聞きつけると「私はここにいます」と返信し、交信にかかります。携帯電話側は応答します。「オーケー、この中継塔はあちらの中継塔より近いので、こちらを経由します」と。

そしてこれが、スティングレイのような警察の監視装置を機能させます。この装置は、携帯の中継塔のふりをします。とてもけたたましく。そして、一帯のすべての携帯電話は中継塔の代わりに、警察につながってしまうのです。問題は、反政府勢力寄りの報道を好ましく思わないシリア陸軍が、彼女の電話を特定して通話を聞き、彼女がどこにいて、「中央通信社」がどこにあるのかを突き止めようとしたことです。

スティングレイ(StingRay)とは、軍や情報機関での使用を目的に開発された携帯電話の監視装置。携帯電話の中継塔の模倣をして周辺のあらゆる携帯を強制的にコネクトさせる機能を持つ。

スノーデン　彼女が記事を送信したとき、電話が点灯し、電磁スペクトルを天空に向けて放射します。政府軍は、この機会を捉えて迫撃砲での砲撃を開始しました。そして、警察側が彼女のニュース・リポートを聞きつけたとき、着弾地点はメディアセンターに限りなく近づき、最後はメディアセンターそのものを直撃して、彼女とカメラマン、もろもろのものを吹き飛ばしました。彼女は亡くなりました(二〇一二年二月二二日)。

今話したことは、ほとんどのジャーナリストがスマホで利用しているやり方です。会社へのメール、記事の執筆、インターネットへの投稿、すべてに使われています。別の方法を見つけられないでしょうか。

これは私が携わるプロジェクトの一つに過ぎません。ただ、私は個人的にこれを、非放射型携帯電話の創造、つまり中継塔や軍事スパイや上空の航空機など誰もが聞きつけられる空間に放射する携帯の代わりにしたいのです。

私たちはイーサネットのように、ケーブル配線で接続されたものを使えないでしょうか。これと、インターネットの匿名化技術とプライバシー保護技術を組み合わせるのです。ジャーナリストはスマホを所持でき、すべてをいつものように行います。確かに、やや便利さは薄れます。でも、ケーブル接続する場所での生存を確保できます。

イーサネット(Ethernet)とは、世界のオフィスや家庭で最も一般的に使われている有線LANの技術規格。スノーデンが抱いている構想の全体像を聞き出すことはできなかったが、スマホのプライバシー保護を向上させるとともに有線ＬＡＮも活用して監視網をくぐり抜け、安全を確保する計画であるようだ。

スノーデン　現在、無線で飛ばす代わりに、安全なインターネット・チャンネルができないかに関心が集まっています。私が携わるのは、その一例に過ぎません。

問題は、私が理事長を務める「報道の自由財団」は小さな組織で、予算規模も小さく、この種のことに携われるのは数人だけということです。世界規模での解決は及びもつきません。それを可能にするのに必要なのは、アップルやグーグル、ノキア、サムスン、ソニーのような大規模メーカーを説得して、今示したような種類の技術導入をさせることです。私たちは、これを無償で提供します。製造段階で、これらを彼らの携帯電話に統合するのです。

なぜならば、私たちが一台の携帯電話にこの種の変換をやろうとすると、一二〇〇ドル（約一三万円）かかります。電話一台にしては、確かに高い。しかし、大手メーカーが取り組めば、一ドル以下ですみます。工場で行った方がはるかに簡単だということです。

すみません、（次の予定があるので）そろそろ出ないと。

▼満足することはできる

スノーデンはいとまごいをして、帰り支度を始めた。最後の質問は、ロシア政府が今後、米国に対する交渉カードとして自らを使うことに懸念はないかというものだった。

スノーデン　答えはノーです。それに関する心配はしていません。何もできないからです。私は小さな男です。そうでしょう？　ただの一般人です。私は、ロシア政府とも米国政府とも戦えません。もし、ロシア人が私の頭に袋をかぶせ、飛行機に連れ込んで、贈り物として差しだそうと思えば、もちろんできます。正直言って、そんなことは起きて欲しくありませんが。

私が集中しているのは、もう一歩前へ進むために自分にできることです。しかし、私は自分が、一人の若者としてずいぶん多くのことをしたなとは感じています。もし、明日バスにひかれるようなことになったら、うれしくはありませんが、満足することはできるでしょう。

第5章　モラルに基づく決断は、時に法を破る
——日本の人々へのメッセージ

インタビューの途中で、共謀罪法成立後の社会に入っていく日本の人々に向けて、スノーデンにメッセージを語ってもらった。スノーデンは時にせきを切ったように、時に十数秒中断して考え込みながら、カメラに向かって話し続けた。主題は「プライバシー」。シギント（電子通信情報スパイ）の卓越した技術者だったスノーデンが、いつこのような思索を深めたのか。私はただただ、呆然と見つめていた。

スノーデン　ターゲットを特定しない無差別大量監視の出現という、世界中でここ数年に起きたことに思いをめぐらせるとき、個人の文脈だけでなく、「私たち」に何が起こるのかという背景で考える必要があります。

▼ナチスのプロパガンダ

「別に興味ないし、怖くもない」と言うのは実に簡単です。よく知られた議論に、あなたに隠すものが何もないなら、恐れることはない、というのがあります。監視がどれほど煩わしく、ど

れほど乱用される恐れがあっても、不安がることはないし、監視について考える必要も全くない、あなたが一般人なら、ほうっておいてもらえるから、というわけです。

しかし、この議論の起源を覚えておくことは重要です。「隠すものがないなら、恐れることはない」というのは第二次世界大戦時のナチスのプロパガンダから来ています。これは、問題点をずらした考えです。プライバシーというものは、隠すための何かではありません。守るための何かです。人々が違ったままでいられる、人々が自分自身の考えを持てる開かれた社会、自由な社会を守るためのものです。あなたが、誰かにプライバシーって何？ と尋ねれば、一〇〇〇人の人々から一〇〇〇もの異なる定義を聞くことになるでしょう。

しかしながら、今日プライバシーはわれわれがかつて自由と呼んでいたものになっています。許可なく行動する権利です。どう見えるだろうか、どう評価されるだろうか、などと気にすることなく、自由に公然と行動する権利です。それは、誤りを犯す能力のことであり、その誤りがほかの誰かを傷つけない限り、残りの人生につきまとうことはないということです。

プライバシーは、自分自身でいる権利です。プライバシーは、自由な気持ちでいる権利です。それは、ほかのすべての権利が、そこからわき出てくる源泉です。

さて、こういった話はおそらく、難解に聞こえるかもしれません。あなたはこう言うでしょう。「何それ？　エセ宗教のトチ狂った話かい」（笑）

しかし、あなたが少しの間、自分の持ついくつかの権利やそれが重要な理由について思いをめぐらせれば、すべてははっきりします。

▼あなたが価値を持っている根拠

言論の自由というものは、もしあなたが自分は何を信じ、何をどのように話したいのか、どんな人物になりたいのかについて、自分の考えを深める内省の時間がなければ、たいした意味を持ちません。あなたが社会の先入観や判断から離れて考えを発展させることができなければ、あるいはその考えを公に発表する前に、信頼できる人々と分かち合って進化させたり、磨き上げたりすることができなければ、法律でどれほど言論の自由が認められていても、意味をなさないのです。

信教の自由というものは、もしあなたが自分の家族や社会からただ単に信仰を引き継いだだけで、あなたが自分の信じるものが何かについて、独力で深く考える内省の時間がないのなら、あまり大きな意味はありません。

あらゆる人々が毎日、世界で何が起きているのかを理解するために頼っている報道・ジャーナリズムの自由は、ジャーナリストたちが組織、会社、コミュニティ内で働く情報源と絶対の信頼関係なしに話せなくなれば、価値を失います。人々は、情報源が失職の心配をすることなく、ジャーナリストには現実に何が起きているか、明日何が起こるのか、ありのままの真実を話せると思っているからです。

「理不尽な捜査や差し押さえからの自由」のような明白な権利について言えば、ある人物が犯罪者であるとか、何か悪事を働いているとかみなし得る容疑の理由を示さずして、警察官が誰かの家に勝手に入り込んで、タンスを空にしたり、日記の全文をのぞき見たりはできません。はっきりしています。

右に述べたようなこれらの権利も、プライバシーを起源としています。なぜならプライバシーは、個性にまつわるものだからです。プライバシーとは、あなたが価値を持っているということなのです。プライバシーとは、あなたが価値を持っている根拠です。

私有財産という言葉があります。私有財産とは、あなたが自分のものとして所有する何かです。ところが、この概念を失って、「プライバシーなど時代遅れだ。私にはもう必要ない。確かにね、必要な時代もあったでしょう。でも、もう過ぎ去った」と言ったとします。あなたは、もはや自分のものではなくなります。あなたの家もあなたのものではない。何もかも、あなたから切り離される。あなたは社会の所有物になります。しかし自由で開かれた世界では、社会の方が私たち全員に帰属するのです。

これが、あなたにとって、たとえ個人的にはスパイされる心配がなくとも、あなたがプライバシーの侵害に抵抗すべきことが重要だという理由です。

▼弱者のために

歴史に目を向けて、過去のあらゆる悲惨な犯罪行為について考えましょう。奴隷制度だろうが、女性に投票権がなかったことだろうが、封建社会での農民搾取だろうが、これらの悪習が合法的で無条件に許され、その時代においては一般的ですらあったシステムが、結局は変化しました。

どこかで、他の人と異なる、普通でない、変なある一人の人物が、物事がどうあるべきかについて異なる見解を抱いたからです。

そして、周りの人間が、物事が実際に変化していることを確認できたのは、この見解を発展させ、共有し、ほかの者にも伝えて、さらに研ぎ澄まし、それぞれ独自の考えを付け加える内省の機会と自由があったからなのです。これは最終的に、法律を変える運動へと発展しました。そして、社会を変えたのです。未来を変え、私たちの歴史を今ある姿に変えたのです。

人類の進歩、政治の進歩というものはおしなべて、人々が普通だと考え、良きものだと考える、その時代の正統に対する反乱として、異端としてスタートします。世界のありさまに注目すると、私たちは特権的で豊かになった生活を送っています。テクノロジーにアクセスすることで、先行世代の誰も、王様でさえも夢見ることのできなかった能力を獲得しています。しかしながら、誰かが「プライバシーは十分にある。だから手放す必要がある」と言い出したらどうでしょう。あるいは、もう十分に進歩を遂げた、ここから先へ行くつもりはない、と言ったら。結局後退していく羽目になる可能性も、今なお十分にあるのです。

「プライバシーに関心はない。隠すことがないから」と言うことは、言論の自由に関心はない、話すことがないから、と言うのと変わりません。反社会的で、自由に反する考えです。自分に価値も値打ちもなく、新しい考えを生み出すひらめきもないことを認めてしまう恥ずべき考えです。新たな考えは出てきます。昨日、並外れたことができなかったとしても、明日は、私たちが社会を未来へ牽引《けんいん》する者になるかもしれません。

権利の保護を必要とするのは、権力の側にいる人間ではありません。ジャーナリストが自分のプライバシーを侵害していると不満を漏らす国家官僚たちは、プライバシーが誰のためにあるのかを誤解しています。プライバシーとは、権力者のためにあるのではありません。弱者のためにあるのです。自分自身を守れない人々のためにあるのです。

官僚たちは警察に話を通すことができます。新聞に書かせることもできます。影響力を持つ者、情報の供給源、そして権力に近づく手段も持っています。どこであろうと、あらゆる分野で自分自身を守れると確信しています。

しかし、少数派の人々はどうでしょう？　宗教的少数派でも、その他もろもろの理由による少数派でも、彼らこそが権利の保護を必要とする人々なのです。最もプライバシーを必要とする人々なのです。

▼モラルにかなうか

さて、私が講演したほかの会場の聴衆と同様、日本の方々の中にも、私を信じる気にならない人々がいるでしょう。米国政府は、私が犯罪者で悪党だとのレッテルを貼る容赦ない攻撃を仕掛けてきました。そうした性格付けに同意するわけではありませんが、まあいいでしょう。私を信じてほしいと、あなたに求める気はないからです。私が誰であるか、私が何をしたか、私が歴史上最も偉大な人物か、あるいは最悪かは、重要ではありません。重要なのは真実であり、事実です。

問題は、現実に何が起きているのかということです。米政府は、秘密・機密情報のベールの背後で起きていることについて真実を語ることが、たとえそれが政府のやっていることであれ、政府がどんなに米国人や日本人の権利を侵害しているかという事実であれ、法律違反に当たると述べました。そのとき、私は自分自身が困難な状況にいることを理解しました。世界にこれを語ることは、犯罪なのです。

モラルに基づく決断は、時に法を破ることがあると申し上げましょう。適法であること、モラルに基づくことは、ふたつの異なる概念です。歴史を振り返ってみれば、完全に適法な政策や計画、決断、出来事が同時に、完全にモラルに反しているという例を見いだせます。私が日本の皆さんにお願いしたいのは常に、適法かどうかより、むしろモラルにかなっているかどうかを第一に考えていただきたいということです。

法律は大事です。法律を支持し、守るべきです。でもそれは、法律が公衆や国民、未来に奉仕するという限りにおいてなのです。

ありがとうございました。

エピローグ

英国の首都ロンドンから北西へ列車で約一時間、大学都市オックスフォードは、豊かな緑の間を野生のリスが走り回る静かな町だ。

オックスフォード大学レディー・マーガレット・ホール学長のアラン・ラスブリジャー氏（以下ラスブリジャー）は、白シャツ黒セーターのラフな姿で迎えてくれた。元ジャーナリスト。一九七九年に英高級紙ガーディアンに入り、一九九五～二〇一五年、編集長を務めた。

ガーディアンが一三年六月、世界に先駆けて「スノーデン文書」をスクープした際の編集責任者だ。文書には国家安全保障局（ＮＳＡ）など米情報機関だけでなく、英国側のパートナー、政府通信本部（ＧＣＨＱ）の機密文書も含まれており、ガーディアンの報道は英政府の逆鱗《げきりん》に触れた。そのときに英政府が取った行動は、権力というものの驕慢《きょうまん》、そしてむなしさを余すところなく暴くエピソードになっている。

ラスブリジャーによると、政府の「弾圧者」たちは、とても親しげにやってきた。「キャメロン首相の官房の高官が、私に会いに来て言いました。「（スノーデン文書報道は）基本的には、実に興味深い。だがそろそろ終わりだ」」

ラスブリジャーは「国家が新聞に対して、何が興味深く何がそうでないかを説くのは、一般的なルールに反しています」と応じた。「（報道の停止を）あなたに言われる筋合いはありません」とも。

だが、ラスブリジャーは実際には窮地に追い込まれていた。米国には報道の自由を保障する憲法修正第一条があるが、英国にはない。英政府は、スノーデン文書報道の差し止めを命じることができるばかりか、国家機密法を根拠にジャーナリストを訴追し、有罪に追い込むことすらできた。

ラスブリジャーは役人たちに、「スノーデン文書」の素材はブラジル在住の同僚や米紙ニューヨーク・タイムズも持っており「ロンドンで報道を阻止しても、外国からの報道は止まらないことを理解すべきです」と説いた。だが、政府の役人たちは譲らなかった。

英政府が要求したのは、スノーデン文書が入ったハードディスクの引き渡しだ。政府側は「もう十分楽しまれたでしょう」と水を向けてきた。ラスブリジャーは拒否した。「彼らに（表面上）強圧的なところはありませんでした。でも、われわれが拒否を続ければ、次は警察が出てきたでしょうね」と振り返る。

引き渡しを拒否した代わりにガーディアン側は、ハードディスクの入ったパソコンの破壊を提案する。役人たちは同意した。「私はこれで、（外国から）報道を続けつつ、差し止め命令を免れると考えました。代償がパソコン数台の破壊ですむなら、悪くないと」

かくして、産業革命期の「ラッダイト運動」（職人・労働者による機械破壊運動）さながらの光景が、現代のロンドンのど真ん中で再現される。

ガーディアン紙のスタッフは、政府役人たちの目の前で、ハンマーやドリルを使って「スノーデン文書」の入ったパソコンをたたきつぶした。火花があがり、粉塵も舞った。消磁装置にかけて作業が完了するまでに三時間かかった。

ラスブリジャーは、このとき破壊されたハードディスクの破片を今も持っている。「国家による抑圧の象徴ですから。これは、歴史的な事物ですよ。(工芸品を集めた)ロンドンのビクトリア・アンド・アルバート博物館に複製を展示すべきでしょうね」と笑った。さらに「これは、国家というものがいかにむなしいかの象徴でもあります。なぜなら、これこそ二一世紀における情報の姿だから。それは実にたやすくあらゆる場所へ飛んでいきます。そうしようと思えば、誰でもできるのです」

そのラスブリジャーに、エドワード・スノーデンの評価を聞いた。

「スノーデンは、NSAやGCHQによる、想像をはるかに超えた個人情報収集を暴露しました。問題は、そうした収集が適切な法的枠組みを外れ、人々の同意なく行われた点です」

「(世界中で)多くの議会や裁判所が、これを法令違反、憲法違反として組織を縮小したり議会の監督下に置いたりしました。スノーデンの暴露の結果、世界はよりよい場所になったと思います。そして、ほとんどの人々が、スノーデンの言わんとしたこと、機密文書を暴露した理由について理解したと思います」

モスクワでスノーデンと会ったのは、ラスブリジャーとの会見から三カ月後だった。

ガーディアン紙前編集長の話を聞く前から、スノーデンが米政府から追われる単なる「容疑者」ではなく、公益のため勇気ある告発に踏み切ったことは理解していた。だが、彼はシギント（電子信号）担当とはいえ、元スパイだ。スパイと言えば、人たらしではないか。ジャーナリストを丸め込むことなど造作もないだろう。発言をどこまで信用していいのか。実際に会うまで、その点が気になっていた。

疑念が払拭されたのは、ある質問への答えを聞いたときだ。私は「（日本の）共謀罪法は、米政府がデザインしたと言い切れるか」と尋ねた。スノーデンの答えが「イエス」であれば、ここがニュースだと感じていた。

スノーデンは臆測だけで答えることもできたはずだ。米軍横田基地にいたときの実際の体験から「特定秘密保護法は、米国がデザインした」と以前語っている。質問者を満足させようと思えば、限りなく「イエス」に近い答えも可能だったろう。だが、彼は正確さを重んじる技術者らしい口調で、きっぱりと言った（四〇ページ参照）。

「できればそうしたいのですが、言えません。正直に言って、知らないのです。自分が証明できないことを断言するわけにはいきません。この場合、日本の共謀罪法案は、私が既にNSAを去った後で、つくられました。だから、確かなことは知りません」

私は、回答の内容には軽く失望していた。「ここはニュースにならない」と。一方で、スノーデンが否定を重ねるごとに、確信を深めていった。「スノーデンは話を膨らまさない。正直だ。この男は信用できる」と。

　スノーデンの言葉には、迷いやおもねりといったものがなかった。手触りのはっきりとした事物を目の前に並べてみせるように、「事実」を語った。だから説得力があった。監視、プライバシー、自由、民主主義といった主題を自分の言葉で平易に表現した。普段から思索を深めていなければ、出てくるべくもない言葉だと感じた。同時に「死ぬほど怖かった」という内部告発になぜ踏み切ったのか、内心のたぎる思いに触れた気もした。かつて自分を育て、そして自分のすべてだったインテリジェンスの世界とまっすぐ向き合うさまは、時に危うさや痛々しさすら感じてしまうほどだった。

　インタビューが一段落したところで、スノーデンにサインを頼んだ。私が差し出したのは、オリバー・ストーン監督の映画『スノーデン』(日本では二〇一七年公開)の日本語パンフレット。自分を題材につくられた映画の冊子を見て、スノーデンは照れたように笑い、ペンを走らせた。そこに書かれていたのは、わずか二語だ。「STAY　FREE!」(ありのままの自由な自分でいろよ!)

　簡潔にして直截《ちょくせつ》。

　自らが今の場所で生きることに、どれほど不自由を味わっているか。その境遇に思いを至らせれば、この二語は心に沁《し》みた。

　エドワード・スノーデンは、本当に気持ちのいい男だった。

軍司泰史

1961年生まれ．共同通信編集委員．1984年，共同通信入社．1993～94年，テヘラン支局勤務．1995～99年，2008～12年，パリ支局勤務．編著に『伝える，訴える——表現の自由は今』(柘植書房新社)，著書に『シラクのフランス』(岩波新書)など．翻訳書にイアン・ブルマ『廃墟の零年　1945』(共訳，白水社)．

編集協力：メディアプレス

スノーデンが語る「共謀罪」後の日本
—大量監視社会に抗するために
岩波ブックレット 976

2017年12月5日　第1刷発行

著　者　軍司泰史《ぐんじやすし》

発行者　岡本　厚

発行所　株式会社 岩波書店
〒101-8002 東京都千代田区一ツ橋 2-5-5
電話案内 03-5210-4000　営業部 03-5210-4111
ブックレット編集部 03-5210-4069
http://www.iwanami.co.jp/hensyu/booklet/

印刷・製本　法令印刷　　装丁　副田高行　　表紙イラスト　藤原ヒロコ

ISBN 978-4-00-270976-5　　Printed in Japan